湖北省地方标准

涉路工程安全技术评价规范

Specifications for safety technical evaluation of structures and utilities within highway right-of-way or building control zone

DB42/T 2002—2023

主编单位：湖北省交通规划设计院股份有限公司
批准部门：湖北省市场监督管理局
实施日期：2023 年 05 月 12 日

人民交通出版社股份有限公司

北 京

图书在版编目(CIP)数据

涉路工程安全技术评价规范：DB42/T 2002—2023／湖北省交通规划设计院股份有限公司主编. — 北京：人民交通出版社股份有限公司，2023.7

ISBN 978-7-114-18867-1

Ⅰ．①涉… Ⅱ．①湖… Ⅲ．①道路工程—安全—评价—技术规范—中国 Ⅳ．①U415.12-65

中国国家版本馆 CIP 数据核字(2023)第 119423 号

标准类型：	湖北省地方标准
标准名称：	涉路工程安全技术评价规范
标准编号：	DB42/T 2002—2023
主编单位：	湖北省交通规划设计院股份有限公司
责任编辑：	李　沛
责任校对：	赵媛媛　魏佳宁
责任印制：	张　凯
出版发行：	人民交通出版社股份有限公司
地　　址：	(100011)北京市朝阳区安定门外外馆斜街 3 号
网　　址：	http://www.ccpcl.com.cn
销售电话：	(010)59757973
总 经 销：	人民交通出版社股份有限公司发行部
经　　销：	各地新华书店
印　　刷：	北京市密东印刷有限公司
开　　本：	880×1230　1/16
印　　张：	2
字　　数：	52 千
版　　次：	2023 年 7 月　第 1 版
印　　次：	2023 年 7 月　第 1 次印刷
书　　号：	ISBN 978-7-114-18867-1
定　　价：	30.00 元

(有印刷、装订质量问题的图书，由本公司负责调换)

目　次

前言 ··· Ⅲ
引言 ··· Ⅴ
1 范围 ·· 1
2 规范性引用文件 ··· 1
3 术语和定义 ··· 1
4 基本规定 ·· 2
5 跨越式涉路工程 ··· 2
6 穿越式涉路工程 ··· 5
7 平面交叉与接入式涉路工程 ·· 8
8 利用公路结构物的涉路工程 ·· 13
9 并行式涉路工程 ··· 15
10 安全保障措施 ··· 15
附录 A（规范性） 涉路工程安全技术评价程序 ·· 17
附录 B（规范性） 涉路工程安全技术评价内容 ·· 18
附录 C（资料性） 涉路工程安全技术评价报告格式 ·· 19
附录 D（资料性） 涉路工程验收流程 ·· 22
附录 E（规范性） 保护套管（涵）验算 ··· 23
参考文献 ·· 24

前 言

本文件按照GB/T 1.1—2020《标准化工作导则 第1部分：标准化文件的结构和起草规则》的规定起草。

请注意本文件的某些内容可能涉及专利。本文件的发布机构不承担识别专利的责任。

本文件由湖北省交通规划设计院股份有限公司提出。

本文件由湖北省交通运输厅归口。

本文件起草单位：湖北省交通规划设计院股份有限公司、湖北省公路事业发展中心、湖北省公路学会。

本文件主要起草人：王国斌、任靓蓓、代先尧、詹勇、张红艳、刘颖、朱信峰、杨运娥、张福明、张丰羽、戴晶晶、邹东林、尹其、黄鑫、杨圣华、叶铭、杨吉红、李小伟、汪帮平、高祥、杨娜、黄亮、郭锐、孙腾、余良、罗晓静、李登岸、葛孟源、李天润。

本文件实施应用中的疑问，可咨询湖北省交通运输厅（电话：027-83460670，邮箱：2651259230@qq.com）；对本文件的有关修改意见建议请反馈至湖北省交通规划设计院股份有限公司（电话：13907156259，邮箱332788683@qq.com）。

引 言

为指导涉路工程安全技术评价,统一评价方法与技术要求,制定本文件。

本文件是在充分研究国内涉路工程安全技术评价的有关技术要求和评价方法基础上,总结涉路工程安全技术评价实践经验后编制而成的,并以调研的形式充分征求了湖北省有关单位和专家的意见,经反复修改完善,最后经审查定稿。

通过对涉路工程进行细致规定,既指导涉路工程安全技术评价工作,也为行业监管部门、路政管理部门、既有公路的管理方和运营方等提供可操作性强的监管依据。

涉路工程安全技术评价规范

1 范围

本文件规定了跨越式涉路工程、穿越式涉路工程、平面交叉与接入式涉路工程、利用公路结构物的涉路工程和并行式涉路工程的安全技术要求，以及安全保障措施等评价。

本文件适用于湖北省行政区域内各等级公路涉路工程安全技术评价，其他道路的涉路工程安全技术评价可参照执行。

2 规范性引用文件

下列文件中的内容通过文中的规范性引用而构成本文件必不可少的条款。其中，注日期的引用文件，仅该日期对应的版本适用于本文件；不注日期的引用文件，其最新版本（包括所有的修改单）适用于本文件。

GB 5768 道路交通标志和标线
GB 6722 爆破安全规程
GB/T 29639 生产经营单位生产安全事故应急预案编制导则
GB 50156 汽车加油加气加氢站技术标准
GB 50332 给水排水工程管道结构设计规范
AQ/T 9011 生产经营单位生产安全事故应急预案评估指南
DL/T 5106 跨越电力线路架线施工规程
JT/T 1116 公路铁路并行路段设计技术规范
JT/T 1311 公路铁路交叉路段技术要求
JTG 2112 城镇化地区公路工程技术标准
JTG/T 3365-02 公路涵洞设计规范
JTG D20 公路路线设计规范
JTG/T D33 公路排水设计规范
JTG D60 公路桥涵设计通用规范
JTG D81 公路交通安全设施设计规范
JTG/T F30 公路水泥混凝土路面施工技术细则
JTG F40 公路沥青路面施工技术规范
JTG H30 公路养护安全作业规程

3 术语和定义

下列术语和定义适用于本文件。

3.1

涉路工程 structures and utilities within highway right-of-way or building control zone
在公路用地范围或公路建筑控制区内，构筑结构物或公共设施的建设工程。

3.2

跨越式涉路工程 aerial crossing engineering over highway

从公路或公路构造物上架设通过的涉路工程。

3.3

穿越式涉路工程 underground engineering crossing highway

从公路路面(含桥面)以下通过的涉路工程。

3.4

平面交叉与接入式涉路工程 intersection and driveway access engineering

与公路平面交叉的涉路工程。

3.5

利用公路结构物的涉路工程 installations on highway structures

依附桥梁、涵洞、隧道等公路结构物的涉路工程。

3.6

并行式涉路工程 longitudinal engineering along highway

在公路用地范围或公路建筑控制区内沿公路并行设置的涉路工程。

4 基本规定

4.1 涉路工程建设实施前,应经交通主管部门同意。

4.2 涉路工程应满足公路规划要求,并为后期公路改扩建预留空间。

4.3 不宜在公路用地范围内新建非公路设施。

4.4 依据《公路安全保护条例》规定,禁止在公路用地外缘向外 100 m、大中桥周围 200 m、公路隧道上方和洞口外 100 m 范围内进行爆破施工。特殊情况应进行专项论证,并采取相应的安全保障措施。

4.5 公路铁路交叉工程应符合 JT/T 1311 的规定,公路铁路并行工程应符合 JT/T 1116 的规定。

4.6 城市轨道交通涉路工程应符合 JTG 2112 的规定,并参照 JT/T 1116、JT/T 1311 执行。特殊情况应进行专项论证。

4.7 城镇化地区公路涉路工程应符合 JTG 2112 的规定。

4.8 涉公路隧道的工程应进行专项论证。

4.9 涉路工程应进行涉路安全技术评价。涉高速公路及普通国道、省道的第三方评价单位应具有公路工程设计甲级及以上资质,其他涉路工程第三方评价单位应具有与被涉公路技术等级相应的设计资质。

4.10 涉路工程的权属单位应负责其检测、维护与运营安全管理。

4.11 涉路工程安全技术评价程序应符合附录 A 的规定。

4.12 涉路工程安全技术评价内容应符合附录 B 的规定。

4.13 涉路工程安全技术评价报告格式见附录 C。

4.14 涉路工程验收流程见附录 D。

5 跨越式涉路工程

5.1 一般规定

5.1.1 跨越式涉路工程包括架空输电线路与通信广播线路,桥梁及以桥梁形式跨越公路的渡槽、廊道、管道、门架等结构工程,以及隧道等上跨工程。

5.1.2 跨越式涉路工程不应侵入公路建筑限界,不应妨碍公路交通安全、损害公路的构造和设施,也不应对公路及其设施形成潜在威胁。

5.1.3 国道、省道或二级以上公路净空高度不宜低于 5.5 m(以最不利位置净空高度为准),其他公路净空高度不宜低于 5.0 m(以最不利位置净空高度为准)。

5.1.4 跨越式涉路工程宜设在地形条件开阔、平纵线形技术指标高且通视良好的路段,并满足公路视距及对前方信息识别的要求。

5.2 架空输电线路与通信广播线路

5.2.1 架空输电线路与通信广播线路跨越式涉路工程评价下列内容:
 a) 跨越位置、交叉角度、最小水平距离、最小垂直净空、交通标志及防护设施;
 b) 临时支架、锚钉等的变形及稳定性;
 c) 杆塔施工监测方案;
 d) 施工方案;
 e) 交通组织方案;
 f) 处置施工险情和意外事故的应急预案;
 g) 公路及其附属设施的恢复措施。

5.2.2 架空输电线路与通信广播线路设计符合下列规定:
 a) 高速公路建筑控制区内不应设置拉线、基础墩、支撑杆塔,以及其他突出地面的结构物,其他等级公路建筑控制区内不宜设置突出地面的结构物;
 b) 路侧的杆塔宜采用耐张型杆塔;
 c) 通信广播线路位于公路上方部分应设置红白相间的安全标志;
 d) 支撑杆塔应设置"高压危险""禁止攀登"警告标志等安全设施。

5.2.3 架空输电线路与通信广播线路跨越公路以正交为宜,如必须斜交时,不应小于 45°。

5.2.4 架空输电线路杆(塔)内缘距离公路边沟外侧的最小水平距离应符合表 1 的规定,且设置在公路建筑控制区外。

表 1 架空输电线路杆(塔)内缘距离公路边沟外侧的最小水平距离

标称电压 kV	35~110	220	330	500	750	1 000	±800 直流
交叉 m	8				10	15	15

注:标称电压 1 000 kV、±800 kV 直流输电线路与公路平行时的数值为边导线至公路边沟外侧的水平距离。

5.2.5 架空输电线路导线距路面的最小垂直净空应符合表 2 的规定。

表 2 架空输电线路导线距路面的最小垂直净空

架空输电线路标称电压 kV	35~110	154~220	330	500	750	1 000 单回路	1 000 双回路逆相序	±800 直流
距路面最小垂直净空 m	7.0	8.0	9.0	14.0	19.5	27.0	25.0	21.5

5.2.6 通信广播线路的最小垂直净空不应小于 6 m。

5.2.7 施工符合下列规定:
 a) 临时设施应进行稳定性验算,其安装和拆除应制定安全保障方案,确保临时设施的基础稳固、结构稳定,防止线缆坠落到路面上;

b) 临时设施不应侵入限速后的停车视距范围；
c) 临时支撑设施应尽量远离公路，水平距离应满足 DL/T 5106 的要求；
d) 跨越施工宜选车流量较少、天气良好的时段，并采取临时交通管制措施。

5.3 桥梁

5.3.1 桥梁跨越包括公路桥梁、城市道路桥梁，以及以桥梁形式跨越公路的渡槽、廊道、管道、门架等结构工程。

5.3.2 桥梁跨越式涉路工程评价下列内容：
a) 跨越位置、交叉角度、平纵线形指标、建筑限界、视距、路侧安全净区、排水、交通安全设施、防护设施等；
b) 上跨桥梁的基础(含承台)对既有公路路基稳定性或公路桥梁基础(墩台)沉降及桩顶水平位移的影响；
c) 施工方案；
d) 交通组织方案；
e) 处置施工险情和意外事故的应急预案；
f) 施工监测方案；
g) 施工控制措施(含加固)对既有公路路基稳定性或公路桥梁基础(墩台)沉降及桩顶水平位移的控制效果是否满足要求；
h) 上跨桥梁施工对既有公路交通的影响，以及安全防护措施的合理性；
i) 公路及其附属设施的恢复措施。

5.3.3 上跨桥梁设计符合下列规定：
a) 宜选择在地质条件良好路段。
b) 跨越处的平面线形宜为直线或不设超高的大半径曲线。
c) 上跨桥梁的跨径与布孔应留有足够的侧向余宽，不宜将墩、台设置在现状及规划扩建公路的排水边沟以内，并满足公路视距和对前方公路识别、通视的要求；桥梁跨越路堑时，宜将桥台置于坡顶之外。
d) 不应在公路行车道或规划行车道上设置中墩。
e) 如必须在中间带设置中墩跨越四车道及以上高速公路、一级公路时，中墩两侧应设防撞护栏，并留足设置防撞护栏和护栏缓冲变形的安全距离，不应在局部范围内改变中间带宽度使行车道扭曲。
f) 在四车道及以上高速公路、一级公路中间带设墩时，桥墩基础不宜侵入路面范围，侵入时，基础顶面在路面下的埋深不应小于 1 m。
g) 桥梁及其引道的排水系统应自成体系，直接将水排至公路建筑限界范围外或引至既有公路排水沟。
h) 上跨桥梁应设置符合相应安全防护等级的防撞护栏。
i) 上跨桥梁应设置防护网，防护网的设置高度宜大于 1.8 m，设置范围为被保护区宽度(当上跨构造物与公路斜交时，应取斜交宽度)并各向路外延长 10 m～20 m，防护网网孔规格不宜大于 20 mm×20 mm。
j) 跨越既有公路的油气管线，应选择在非桥梁路段，宜采用管桥架设方式从公路上方跨越，且符合下列规定：
  1) 管道距公路特大桥、大桥、中桥的安全距离不应小于 100 m，至小桥的安全距离不应小于 50 m，当距离不足时，应采取保护措施并征得交通主管部门同意；
  2) 以正交为宜，如必须斜交时，不应小于 30°；

3) 跨越工程的支撑结构宜设置在公路建筑控制区外,且应满足公路规划要求;
4) 应对基础稳定性、跨越结构抗倾覆及抗滑移等进行验算,并应满足相关规范要求。

k) 管道、渡槽上跨公路应采取可靠防渗漏措施,确保对下方公路无污染、无安全隐患。

l) 上跨桥梁的支撑结构或突出地面的构造物宜设置在路侧净区外;设置在路侧净区内的支撑结构或构造物应考虑车辆荷载的撞击作用,设置防护措施,被跨路护栏等级应符合 JTG D81 的规定。

5.3.4 施工符合下列规定:

a) 优先采用不占用公路路面的施工方案;
b) 临时设施应进行验算,其安装和拆除应制定安全保障方案,并采取安全防护措施;
c) 上跨国道、省道或二级以上公路的桥梁施工,桥下净高不应小于 5 m;上跨其他公路的桥梁施工,桥下净高不应小于 4.5 m;
d) 应设置防护棚架或采取其他可靠的防落物措施,防止落物影响公路安全;
e) 施工期间行车通道的高度和净宽应满足既有公路行车要求,并满足行人与非机动车通行安全要求;
f) 位于车道内的临时支架基础迎车面应设置防撞设施,并设置高度不小于 2.5 m、宽度不小于迎车面的反光立面标记。

5.4 隧道

5.4.1 隧道上跨应进行专项论证和特殊设计。

5.4.2 宜选择在稳定的地层中,不宜穿越工程地质、水文地质极为复杂的路段。

5.4.3 以正交为宜,如必须斜交时,不宜小于 45°。

5.4.4 应进行施工安全风险评估。

5.4.5 应根据实际地质条件,对既有隧道进行加固设计。

5.4.6 后建隧道施工应对既有隧道的结构变形进行全过程监测。

6 穿越式涉路工程

6.1 一般规定

6.1.1 穿越式涉路工程包括公路、城市道路、隧道及管线下穿工程。

6.1.2 穿越式涉路工程专项施工方案应附计算书及监测方案。监测宜由第三方实施。

6.2 公路、城市道路

6.2.1 公路、城市道路穿越式涉路工程评价下列内容:

a) 穿越位置、交叉角度、下穿道路平纵线形指标、建筑限界、视距、排水、路侧安全净区、交通安全设施等;
b) 施工方案;
c) 处置施工险情和意外事故的应急预案;
d) 施工监测方案;
e) 施工期公路桥梁结构安全或路基沉降、施工控制措施;
f) 运营期安全保障措施。

6.2.2 公路、城市道路穿越设计符合下列规定:

a) 以正交为宜,如必须斜交时,不应小于 60°;
b) 下穿既有桥梁时,下穿公路、城市道路的建筑边缘应与公路上跨桥梁墩台保持安全距离,并设置安全防护设施和安全警示标志;

c) 下穿桥梁时,宜选择净空较高、跨径较大的位置,不应影响既有桥梁的结构安全;
d) 下穿公路、城市道路的建筑限界应符合现行公路、城市道路建筑限界标准的规定;
e) 既有公路桥下净空除应符合公路、城市道路相关标准的规定外,还应预留桥梁检测和养护作业空间;
f) 下穿路基时,宜选择地质稳定、对既有公路运营影响较小的路段;
g) 公路、城市道路下穿改变既有公路构造物受力状态时,应进行验算。

6.2.3 公路、城市道路采用桥梁或框架结构下穿既有公路时,应进行专项设计安全性论证。

6.2.4 公路、城市道路的排水符合下列规定:
a) 既有桥梁的桥面雨水,应通过管道引至桥下公路、城市道路的排水沟,不应散排;
b) 下穿范围内应设置完善的排水系统,不应对现有桥梁墩台形成冲刷;
c) 采用 U 形槽和框架结构的,必要时应设泵站进行排水。

6.2.5 施工符合下列规定:
a) 选择合理的地基处理方案及路基填筑方案,减少对桥墩周围土层的扰动,保证桥梁安全;
b) 公路建筑控制区范围内不宜采用挤土桩施工,钻孔桩施工不宜采用冲击钻;
c) 对既有桥梁墩柱、梁板采取安全防护措施,防止施工车辆、机械、材料碰撞;
d) 施工过程中应按相关标准的要求设置安全防护设施,下穿公路、城市道路应设置护栏,并预留足够的侧向余宽;
e) 施工区应有完善的临时排水设施,不应产生积水;
f) 夜间不宜施工,夜间照明不应对既有公路行车造成干扰;
g) 穿越施工可能影响既有公路时,应对既有公路沉降、路面裂缝等进行监测;
h) 对既有公路有损坏时,应按不低于原标准恢复。

6.2.6 运营期符合下列规定:
a) 既有桥梁墩柱和主梁侧面应设置立面标记,下穿道路护栏应设置轮廓标或立面标记;
b) 既有桥梁墩柱的防撞设施应定期进行维护。

6.3 隧道

6.3.1 隧道穿越式涉路工程评价下列内容:
a) 穿越位置、交叉角度、地质条件、开挖方式、结构稳定性;
b) 隧道施工对既有公路路基稳定的影响;
c) 隧道施工对既有桥梁结构安全的影响;
d) 交通组织方案;
e) 施工方案;
f) 处置施工险情和意外事故的应急预案;
g) 施工监测方案。

6.3.2 隧道穿越符合下列规定:
a) 穿越位置宜选择在稳定的地层中,不宜穿越工程地质、水文地质复杂的路段;
b) 以正交为宜,如必须斜交时,不宜小于 45°;
c) 采用双洞隧道下穿既有公路桥梁时,宜选择在不同的桥跨。

6.3.3 隧道下穿桥梁,应根据桥梁结构及基础形式,结合隧道施工工艺对其安全性进行论证。

6.3.4 隧道穿越施工符合下列规定:
a) 隧道下穿不宜采用爆破施工,若确需采用,爆破振动对公路的影响应符合 GB 6722 的规定;
b) 隧道穿越桥梁时,应对桥梁进行监测,并视施工对桩的影响程度,采取必要的加固措施;
c) 隧道施工可能影响既有公路时,应对既有公路沉降、路面裂缝等进行监测。

6.4 管线

6.4.1 管线穿越式涉路工程评价下列内容：
a) 管线类别、管线结构、穿越位置、交叉角度、埋深、地形地质条件、水文条件、安全保障措施；
b) 施工方案；
c) 处置施工险情和意外事故的应急预案；
d) 施工监测方案；
e) 施工期公路桥梁结构安全或路基路面沉降、施工控制措施；
f) 运营期安全保障措施。

6.4.2 穿越公路路基段的管线，距离邻近桥梁墩台的最小水平距离不宜小于 5 m，且宜位于桥头搭板以外。

6.4.3 管线穿越既有公路时，不宜选择在桥梁或路堑段。当受地理条件影响或客观条件限制，必须与公路桥梁交叉时，可采用埋设方式从桥梁自然地面以下空间通过，并应进行必要性说明。

6.4.4 依据《关于规范公路桥梁与石油天然气管道交叉工程管理的通知》规定，禁止利用自然地面以上的公路桥下空间铺(架)设管线。

6.4.5 管线穿越既有公路，以正交为宜，如必须斜交时，不应小于 30°。

6.4.6 管线从公路桥梁自然地面以下空间穿越时，符合下列规定：
a) 不应影响桥下空间的正常使用功能，不应影响既有桥梁结构安全；
b) 油气管线与两侧桥墩(台)的水平净距不应小于 5 m，其他管线不宜小于 5 m；
c) 采用开挖埋设施工时，管顶距桥下自然地面不应小于 1 m，管顶上方应铺设宽度大于管径的钢筋混凝土保护盖板，盖板宽度应大于管道外径 1 m，板厚不应小于 0.1 m，盖板长度应延伸至规划公路用地范围宽度以外 3 m，并设置地面标识标明管道位置；采用定向钻施工时，管线轴线距桥梁墩台基础外缘的水平净距不应小于 5 m，最小埋深不应小于 5 m，且不应影响桥梁结构安全。

6.4.7 保护套管(涵)符合下列规定：
a) 管线与各级公路相交且采用下穿方式时，应设置地下通道(涵)或保护套管；
b) 应按相应公路等级的汽车荷载标准对套管(涵)进行验算，保护套管(涵)验算应符合附录 E 的规定；
c) 穿越公路的保护套管其顶面距路面底基层的底面不应小于 1 m，套管顶部距公路边沟底面不应小于 1.5 m，建筑控制区内套管顶部距离自然地面最低处不应小于 1.5 m；
d) 采用顶进套管(涵)或水平定向钻穿越施工时，应满足路基稳定性要求，计算方法见 CECS 246 和 CECS 382；
e) 保护套管(涵)长度应延伸至高速公路隔离栅外不小于 25 m，国道、省道用地红线外不小于 20 m 或规划公路用地范围外 3 m；当保护套管(涵)穿过路堑时，还应超出路堑顶外不小于 5 m。

6.4.8 新建管道可在既有公路隧道洞身上方挖沟敷设。开挖管沟应采取非爆破方式，管沟底部与隧道结构顶部外缘的垂直间距不应小于 10 m，油气管道在公路隧道洞身及其两侧各不小于 20 m 范围还应采取可靠的防渗措施。

6.4.9 施工符合下列规定：
a) 施工方案中应明确公路桥梁或路基的安全防护措施；
b) 穿越施工应对桥梁结构安全或路基沉降进行监测；
c) 工作井、接收井施工不应影响公路稳定性；
d) 路基回填和路面修复不应低于原技术标准，并应符合 JTG/T F30 和 JTG F40 的规定。

6.4.10 穿越公路的管线应在公路两侧设置耐久性标识，标识的内容应包括管线产权单位、管道输送物质名称、管道压力、管道埋深及紧急联系电话等。

7 平面交叉与接入式涉路工程

7.1 一般规定

7.1.1 平面交叉工程包括公路、城市道路与既有公路平面交叉。

7.1.2 接入式涉路工程包括加油加气加氢站、充电站、沿线单位、乡村道路等接入工程。

7.1.3 平面交叉应体现主线优先原则，减少冲突点，缩小冲突区。

7.2 平面交叉

7.2.1 平面交叉涉路工程评价下列内容：
  a) 平面交叉位置、间距、交叉角度、设计速度、平面线形、纵坡与横坡、视距；
  b) 辅助车道设置及转弯线形；
  c) 平面交叉渠化设计；
  d) 平面交叉通行能力、服务水平；
  e) 平面交叉路基、路面及排水；
  f) 施工方案；
  g) 交通组织方案；
  h) 处置施工险情和意外事故的应急预案。

7.2.2 三级及以上公路的平面交叉均应进行渠化设计，四级公路交叉宜进行渠化设计。

7.2.3 一级、二级公路平面交叉口最小间距应符合表3的规定，三级、四级公路平面交叉口间距宜按照二级集散公路的要求进行控制。

表3 公路平面交叉口最小间距

单位为米

公路等级	一级公路			二级公路	
公路功能	干线公路		集散公路	干线公路	集散公路
	一般值	最小值			
间距	2 000	1 000	500	500	300

7.2.4 接入公路不应直接与已建的四岔及以上的平面交叉相连接。

7.2.5 平面交叉以正交为宜，如必须斜交时，不应小于45°。若小于45°，有条件时应优先将接入道路在交叉前后一定范围内作局部改线，无法改线时应组织专家论证交叉口设计、交通管理方案。

7.2.6 不同转弯速度对应的平面交叉路面内缘最小半径应符合表4的规定。

表4 路面内缘最小半径

转弯速度 km/h	≤15	20	25	30	40	50	60	70
最小半径 m	15	20(15)	25(20)	30	45	60	75	90
最小超高 %	2	2	2	2	3	4	5	6
最大超高 %	一般值:6,极限值:8							
注：条件受限时可采用括号中的值。								

7.2.7 横坡和纵坡符合下列规定：
  a) 接入公路紧接交叉的引道部分应以 0.5%～2.0% 的上坡通往交叉；
  b) 接入点位于主要公路圆曲线上且设置有超高时，接入公路的纵坡应服从主要公路的横坡；
  c) 平面交叉的纵坡设计应维持主要公路的纵断面、横断面不变；次要公路的纵坡应随主要公路横断面而变，其横断面则应随主要公路的纵坡而变，保证主要公路的交通便利；当调整接入公路的纵、横断面有困难时，应同时调整两公路的纵、横断面。

7.2.8 平面交叉范围内应进行通视三角区停车视距检验，视距应符合 JTG D20 的相关规定。

7.2.9 四车道及以上多车道公路的平面交叉应根据交通量情况设置左转弯的附加车道。二级干线公路的平面交叉，宜在主线上增设左、右转弯附加车道。当受地理条件限制，平面交叉位于纵坡或曲线范围时，应设置附加车道。二级集散公路及以下公路的平面交叉，根据交通量及运行速度，在主线上设置左转弯或右转弯附加车道。

7.2.10 附加车道宽度一般为 3.5 m，长度应按设计速度计算确定，且不应小于 30 m。

7.2.11 平面交叉排水应综合考虑既有公路排水，并与工程环境相适应，防排结合，形成完善的排水系统。

7.2.12 施工符合下列规定：
  a) 施工区域和既有公路车辆通行区域应采取相应的隔离措施；
  b) 既有公路增设平面交叉，若涉及路基拼宽、桥梁拼宽、涵洞接长的，应制定保障路基、桥梁结构安全和交通安全的措施；
  c) 施工前应核查涉路工程范围内各种管线的埋设情况，制定安全保护措施；
  d) 施工前宜先设置临时排水设施，截断流向作业区的水源，开挖临时排水沟，施工期间应维护临时排水设施，保证排水通畅；
  e) 恶劣天气（如雷电、雨雪、雾天）及夜间不宜施工，夜间照明不应对既有公路行车造成干扰；
  f) 施工宜尽量不影响公路边坡形貌和排水系统，施工完毕后应恢复原状。

7.2.13 运营期应设置停车让行或减速让行标志、标线，必要时可采用信号控制交通管理方式，并根据实际情况设置物理减速装置、停车带等安全设施。

7.3 加油加气加氢站、充电站

7.3.1 加油加气加氢站、充电站接入评价下列内容：
  a) 接入位置、被接路的平纵横线形、视距、与公路的安全间距；
  b) 出入口引道线形、宽度、路面形式；
  c) 出入口引道排水设施；
  d) 标志、标线；
  e) 施工方案；
  f) 交通组织方案；
  g) 处置施工险情和意外事故的应急预案。

7.3.2 加油加气加氢站、充电站位置符合下列规定：
  a) 加油加气加氢站、充电站宜选择在地形平坦、视野开阔处。
  b) 高速公路加油加气加氢站、充电站应设置于服务区、停车区内。一级及以下公路的加油加气加氢站、充电站，宜设置在公路建筑控制区外。
  c) 以下路段不宜接入：
    1) 圆曲线半径小于 250 m 的弯道内、外侧；
    2) 交叉口前后 300 m 范围内；
    3) 长大下坡下半段；

4) 事故多发路段。
d) 车辆出入口应分开设置，不能分开设置的应分别设置出口车道和入口车道。出入口引道单车道宽度不应小于 3.5 m，双车道宽度不应小于 6 m。
e) 公路与加油加气加氢站、充电站间应设置隔离设施，接入口主线路段中央分隔带不宜设置开口。
f) 加油加气加氢站、充电站及其出入口引道不应影响既有公路的排水。
g) 出入口引道转弯半径根据行驶车型确定并满足停车视距，且不宜小于 9 m。出入口引道坡度不应大于 3 %，且坡宜向站外。
h) 出入口引道路面应符合 GB 50156 的规定，应采用不发火花的路面材料，如水泥路面或在沥青中加入阻燃材料。
i) 加油加气加氢站内设备距公路的安全间距不应小于表 5～表 9 的规定。

表 5 加油站、各类合建站中汽油(柴油)工艺设备与公路的安全间距

单位为米

公路等级	站内汽油(柴油)工艺设备			
	埋地油罐			加油机、油罐、通气管口、油气回收、处理装置
	一级站	二级站	三级站	
高速公路、一级公路、二级公路	7(3)	5.5(3)	5.5(3)	5(3)
三级公路、四级公路	5.5(3)	5(3)	5(3)	5(3)
注 1：表中括号内数字为柴油设备与公路的安全间距。				
注 2：汽油设备与二级及以上公路的隧道出入口的安全间距尚不应小于 50 m。				

表 6 液化石油气(LPG)加气站、加油加气合建站中 LPG 工艺设备与公路的安全间距

单位为米

公路等级	站内 LPG 工艺设备			LPG 卸车点	LPG 放空管管口	LPG 加气机、LPG 泵(房)、LPG 压缩机(间)
	地上(埋地)LPG 储罐					
	一级站	二级站	三级站			
高速公路、一级公路、二级公路	15(10)	13(8)	11(8)	8	8	6
三级公路、四级公路	12(8)	11(6)	10(6)	6	6	5
注 1：表中括号内数字为埋地 LPG 储罐与公路的安全间距。						
注 2：容量小于或等于 10 m³ 的地上 LPG 储罐整体装配式的加气站，其罐与公路的距离不应小于 11 m。						

表 7 压缩天然气(CNG)加气站、各类合建站中 CNG 工艺设备与公路的安全间距

单位为米

公路等级	站内 CNG 工艺设备		
	储气瓶	集中放空管管口	储气井、加(卸)气设备、脱硫、脱水设备、压缩机(间)
高速公路、一级公路、二级公路	12	10	6
三级公路、四级公路	10	8	5
注 1：CNG 设备与二级及以上公路的隧道出入口的安全间距尚不应小于 50 m。			
注 2：长管拖车固定停车位与公路的防火间距，应按本表储气瓶的安全距离确定。			

表8 液化天然气（LNG）加气站、各类合建站中LNG工艺设备与公路的安全间距

单位为米

公路等级	站内LNG工艺设备			
	地上LNG储罐			放空管管口、LNG加气站、LNG卸车点
	一级站	二级站	三级站	
高速公路、一级公路、二级公路	12	10	8	8
三级公路、四级公路	10	8	8	6
注：地下LNG储罐和半地下LNG储罐与公路的距离，分别不应低于本表地上LNG储罐的安全间距的70%和80%，且不应小于6 m。				

表9 加氢合建站中氢气工艺设备与公路的安全间距

单位为米

公路等级	储氢容器（液氢储罐）			放空管管口	氢气储气井、氢气压缩机、加氢机、氢气卸气柱、氢气冷却器、液氢卸车点
	一级站	二级站	三级站		
高速公路、一级公路、二级公路	15(12)	15(10)	15(8)	15	6
三级公路、四级公路	10(10)	10(8)	10(8)	10	5
注1：当表中氢气工艺设备与公路之间设置有符合GB 50156规定的实体防护墙时，相应安全间距不应低于本表规定的安全间距的50%，且不应小于8 m，氢气储气井、氢气压缩机（箱）、加氢机、液氢卸车点与城市道路的安全间距不应小于5 m。					
注2：表中氢气设备工作压力大于45 MPa时，氢气设备与公路的安全间距应按本表安全间距增加不低于20%。					
注3：表中括号内数字为液氢储罐与公路的安全间距。					

7.3.3 加油加气加氢站、充电站交通管理符合下列规定：
a) 加油加气加氢站、充电站接入的公路路段上应设置禁止超车标线及禁止超车禁令标志，并定期维护；
b) 加油加气加氢站、充电站的出入口右侧应设置导向标志，出入口路面应设置导向箭头；
c) 加油加气加氢站、充电站预告标志位置设置：一级公路在加油加气加氢站、充电站前1 km，二级及以下国道、省道在加油加气加氢站、充电站前500 m处，三级以下县乡公路在加油加气加氢站、充电站前100 m处；
d) 加油加气加氢站、充电站的出入口右侧应设置蓝底白字内容为"进口""出口"的交通标志，出入口路面应设置导向箭头；
e) 没有开辟附加车道的加油加气加氢站、充电站，出入口两侧应设置道口示警桩，道口示警桩一般沿主线方向；当沿主线方向道口示警桩距离路口长度$L \leq 5$ m时，路口两侧各设置一根道口示警桩，当沿主线方向道口示警桩距离路口长度$L > 5$ m时，路口两侧各设置二根道口示警桩；
f) 加油加气加氢站、充电站出口行车方向与接入公路行车方向相同时，应在出口附近设置减速让行标志和标线；相反时，应在出口附近设置停车让行标志和标线。

7.4 公路沿线单位

7.4.1 公路沿线单位接入评价下列内容：

a) 沿线单位接入公路等级及接入顺序、视距、接入段道路等级等；
b) 接入口平纵横线形、路面形式等指标；
c) 附加车道；
d) 排水设施；
e) 标志、标线、交通设施；
f) 施工方案；
g) 交通组织方案；
h) 处置施工险情和意外事故的应急预案。

7.4.2 公路沿线单位接入符合下列规定：
a) 接入口宜设置在公路平缓路段上，且前后两个相邻的接入口的间距宜大于 300 m；
b) 相交公路在交叉范围内的路线宜采用直线，当采用曲线时，其半径宜大于不设超高的圆曲线半径；
c) 接入道路在公路边缘应有不小于 10 m 的水平段，紧接水平段的纵坡不宜大于 3%；
d) 在公路沿线单位距交叉口不小于 20 m 范围内，与公路的停车视距长度所构成的视距三角形区域内，应保证通视。

7.4.3 排水系统设置符合下列规定：
a) 接入道路影响原公路排水系统的，应按照 JTG/T D33 的规定设置排水设施；
b) 施工前宜先设置临时排水设施，截断流向拓宽作业区的水源，开挖临时排水沟；
c) 施工期间应维护临时排水设施，保证排水通畅。

7.4.4 公路沿线单位接入交通管理符合下列规定：
a) 公路沿线单位接入应采用主路优先或信号控制交通管理方式；
b) 沿线单位接入四车道及以上的多车道公路时，应设置左右转弯的附加车道，四车道以上公路接入宜设置信号灯；
c) 接入道路上可根据实际情况设置物理减速设施，设置时应按 GB 5768 配置相应交通标志、标线；
d) 主线和接入道路上的相关标志应定期维护。

7.5 乡村道路

7.5.1 乡村道路接入评价下列内容：
a) 接入公路等级及接入顺序、接入位置、交叉角度、平面线形、纵面线形、视距等；
b) 路基、路面及排水设施；
c) 施工方案；
d) 交通组织方案；
e) 处置施工险情和意外事故的应急预案。

7.5.2 乡村道路接入符合下列规定：
a) 乡村道路接入宜按先接入县乡公路，县乡公路再接入省道、国道的顺序；
b) 接入点附近的地形、地质、视距或原乡村道路平面线形不适宜设置交叉时，应对乡村道路进行改线。

7.5.3 乡村道路与一级公路交叉宜设置立体交叉，即通道或天桥。乡村道路与二级公路的平面交叉应做渠化设计。

7.5.4 乡村道路接入公路平面交叉的间距应根据交通量、横向干扰情况、生产生活需要、交通安全等因素进行限制，并不应小于表 10 的规定，农业机械化程度高的地区间距应适当加大。

表10 乡村道路接入公路平面交叉的最小间距

公路等级	一级公路						二级公路				三级、四级公路		
公路功能	干线			集散			干线		集散		集散		
设计速度 km/h	100	80	60	100	80	60	80	60	80	60	40	30	20
间距 m	300	200	150	160	120	80	200	150	120	60	50	50	50

7.5.5 乡村道路接入公路以正交为宜,如必须斜交时,不应小于60°。

7.5.6 乡村道路接入部分直线段长度不小于20 m。

7.5.7 乡村道路接入部分应设置不小于10 m的水平段,且紧接水平段的纵坡不大于3%,困难地段不大于6%。

7.5.8 当受地理条件限制,乡村道路接入公路纵坡、视距等不满足要求时,应采用设置附加车道和右进右出等方式进行交通管理。

7.5.9 二级、三级公路和乡村道路交叉的视距三角形区域为:乡村道路距交叉口20 m,二级、三级公路不小于50 m的停车视距,此视线范围内不应有障碍物,如图1所示。

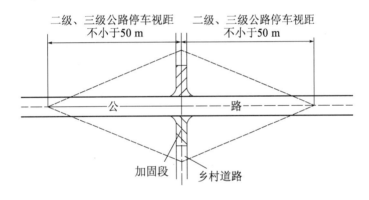

图1 乡村道路平面交叉视距三角形区域和路面铺装段

7.5.10 公路路基边缘外侧的乡村道路应有不小于10 m的路面铺装段(加固段),使其达到四级公路的标准。

7.5.11 乡村道路接入公路时,应采取主路优先的交通管理方式,必要时应采取信号控制交通管理方式。

8 利用公路结构物的涉路工程

8.1 一般规定

8.1.1 依据《公路安全保护条例》规定,禁止利用公路桥梁(含桥下空间)、公路隧道、涵洞搭建设施,以及铺设高压电力线和输送高压、易燃、易爆或其他有毒有害气体、液体的管道。

8.1.2 利用桥梁铺设管线时,应由具有相应公路设计资质的单位出具桥梁结构安全验算报告。

8.2 利用桥梁铺设管线

8.2.1 利用桥梁铺设管线评价下列内容:

a) 桥梁技术状况、管线类别、管线结构、铺设位置、净空、附加结构、防护措施;
b) 桥梁结构安全验算报告;
c) 施工方案;
d) 交通组织方案;
e) 施工监测方案;
f) 处置施工险情和意外事故的应急预案。

8.2.2 桥梁上不宜铺设管线,特殊情况应征得交通主管部门同意并进行专项论证,采取相应安全保障措施。

8.2.3 利用桥梁铺设的管线走向宜与桥梁轴线保持一致。

8.2.4 管线铺设位置符合下列规定:
a) 不应侵入桥面净空限界或桥下通航净空;
b) 不应设置在行车道下;
c) 不应损害桥梁的构造和设施;
d) 不应妨害桥梁交通安全;
e) 避免在桥梁立面上外露;
f) 输送液体的管道应铺设于桥梁构件体外;
g) 单条管线应布置在桥梁下游一侧;
h) 多条管线在桥梁上应配重平衡布置;
i) 相互间能引起危险后果的管线应分别安装在桥梁的两边;
j) 不应影响桥梁正常的检测、养护及维修。

8.2.5 管线应有可靠的安全防护措施。

8.2.6 施工不应破坏既有桥梁结构,不宜对桥梁正常运营产生影响,不宜影响桥下交通安全。

8.3 利用隧道、通道(涵)敷设管线

8.3.1 利用隧道、通道(涵)敷设管线评价下列内容:
a) 管线类别、管线结构、安装位置、安装方式;
b) 隧道电缆沟或预留管道断面尺寸;
c) 通道(涵)的结构类型、基础形式、地质条件、通行能力或过水能力;
d) 施工方案;
e) 施工监测方案;
f) 处置施工险情和意外事故的应急预案。

8.3.2 利用隧道敷设管线符合下列规定:
a) 不应侵入隧道建筑限界,不应损坏隧道和设施,不应妨害隧道交通安全,不应影响隧道正常的检测、养护及维修,不应影响隧道的消防救援,也不应对隧道及其设施形成潜在威胁;
b) 不应开挖隧道两侧检修道(人行道)进行管线敷设;
c) 管线应沿隧道电缆沟或预留管道敷设,并使其固定在电缆沟及预留管道内。通信、信号电缆应和电力电缆分槽敷设,不应布置在同一槽内;
d) 应做好防渗漏措施,并在隧道两端设置紧急切断阀门。

8.3.3 利用通道(涵)敷设管线不应侵入通道建筑限界,不应压缩涵洞过水断面。

9 并行式涉路工程

9.1 一般规定

9.1.1 公路建筑控制区内不应并行架设管线。
9.1.2 现状及规划的公路用地范围内不应埋设与公路并行的地下管线。
9.1.3 现状及规划公路建筑控制区内不宜埋设与公路并行的地下管线,受条件限制确需埋设的,应事先征得交通主管部门同意。

9.2 埋设管线

9.2.1 埋设管线评价下列内容：
   a) 管线类别、管线结构、介质、并行间距、埋设方式、埋深、保护措施、警示标志；
   b) 路基稳定性；
   c) 施工方案；
   d) 处置施工险情和意外事故的应急预案。

9.2.2 埋设管线符合下列规定：
   a) 油气管道的中心线与公路用地范围外缘之间的距离符合下列规定：
      1) 石油管道安全距离不应小于10 m；
      2) 天然气管道安全距离不应小于20 m；
      3) 条件受限时,应进行安全论证,并采取保护措施。
   b) 穿越河流的油气管道距特大桥、大桥、中桥的距离不应小于100 m,距小桥的距离不应小于50 m。
   c) 管线覆土深度不应小于1.5 m,不能满足要求时应采取保护措施。
   d) 警示标志的设置符合下列规定：
      1) 并行段管道应加密设置警示带、标示桩和警示牌,并应在管顶上方连续埋设警示带；
      2) 在管道新建、改线和大修施工时,警示标志应随管体回填埋入地下,且位于管顶上方0.5 m。

9.2.3 施工符合下列规定：
   a) 施工不宜影响公路边坡形貌和排水系统,施工后恢复原状；
   b) 并行路段较长时,宜分段施工。

9.2.4 应在公路并行一侧设置耐久性标识,标识的内容应包括管线产权单位、管道输送物质名称、管道压力、管道埋深及紧急联系电话等。

10 安全保障措施

10.1 一般规定

10.1.1 安全保障措施应包括施工期、运营期安全保障措施等。
10.1.2 安全保障措施的内容应包括施工区交通组织、监测方案、施工专项应急预案等。

10.2 施工区交通组织

10.2.1 影响通行安全的涉路施工活动应进行涉路施工交通组织设计。
10.2.2 涉路施工交通组织设计应符合GB 5768、JTG H30的相关规定及公安、交通管理部门的相关要求。

10.2.3 施工区交通组织应结合设计、施工方案,从既有公路交通安全角度全面考虑,尽量减少对既有公路通行的影响。涉路施工需要绕行的,应提前设置绕行标志;不具备绕行条件的,应修建临时道路,保证车辆通行。

10.2.4 涉路工程施工作业宜避开法定节假日、重大节会、重要社会活动期间及旅游旺季等大交通量时段。

10.2.5 在雾天、雨天、雪天、道路结冰等恶劣天气条件下,应加强涉路施工交通安全设施的维护。

10.2.6 涉路工程施工作业应利用可变信息标志、交通广播、网络媒体、临时性交通标志等沿线设施、信息服务平台,提前发布施工公告。

10.3 监测方案

监测方案应包括工程概况、监测目的与依据、监测网点布设、监测过程、监测项目与要求、监测预警值、监测设备与监测方法、监测期限与监测频率、监测数据处理与信息反馈等。

10.4 施工专项应急预案

10.4.1 涉路工程施工险情和意外事故的应急预案编制应符合 GB/T 29639 的规定。

10.4.2 涉路工程施工险情和意外事故的应急预案评价参见 AQ/T 9011,评价内容包括但不限于基本要素的完整性、组织体系的合理性、应急处置程序和措施的针对性、应急保障措施的可行性、应急预案的衔接性等内容。

附 录 A
（规范性）
涉路工程安全技术评价程序

图 A.1 规定了涉路工程安全技术评价程序。

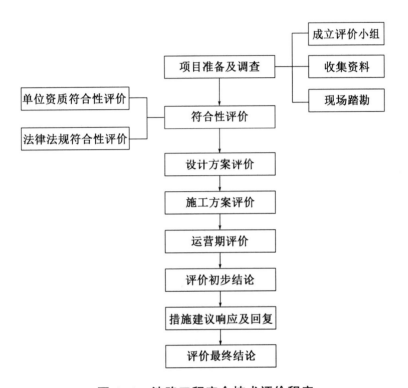

图 A.1 涉路工程安全技术评价程序

附 录 B
（规范性）
涉路工程安全技术评价内容

B.1 总体概述

包括涉路施工活动的来源情况、评价内容及过程、评价依据等。

B.2 工程概况

包括自然地理及地质概况、涉路工程概况、既有公路概况、涉路施工活动对既有公路及其附属设施的影响等。

B.3 符合性评价

B.3.1 涉路工程参建各单位资质和能力评价。
B.3.2 涉路工程法律法规的符合性评价。

B.4 设计方案评价

涉路工程设计方案相关技术指标评价。

B.5 施工方案评价

B.5.1 涉路工程施工过程风险辨识。
B.5.2 涉路工程施工方案组织实施和安全措施评价，包括施工方案评价、施工工期评价、施工风险辨识与分析评价、施工安全措施评价、施工交通组织评价、应急预案评价、相关计算（验算）评价等。

B.6 运营期评价

涉路工程运营期对既有公路及其附属设施质量和安全的影响评价。

B.7 评价结论与建议

B.7.1 评价结论的内容应包括符合性评价、设计方案评价、施工全过程及运营期对既有公路及其附属设施质量和安全的影响等综合性评价结论。
B.7.2 提出涉路工程对公路影响存在的主要问题，并对问题提出改进措施建议。
B.7.3 设计方案、施工方案、运营期对既有公路及其附属设施质量和安全影响的综合性评价结论。

附 录 C
（资料性）
涉路工程安全技术评价报告格式

C.1 评价报告的基本格式要求

C.1.1 评价报告宜包括下列内容：
a) 封面；
b) 扉页；
c) 公路工程设计资质证书；
d) 目录；
e) 正文；
f) 附件。

C.1.2 评价报告应采用 A4 幅面，左侧装订。

C.2 文本格式

C.2.1 封面的内容应包括：
a) 评价项目名称；
b) 标题；
c) 评价单位名称；
d) 评价报告完成时间。

C.2.2 标题应统一写为"安全技术评价报告"。

C.2.3 封面样式如图 C.1 所示。

C.2.4 扉页样式如图 C.2 所示。

C.2.5 附件的内容宜包括：
a) 计算或验算书；
b) 工程地理位置示意图；
c) 工程平面布置图（包括既有公路桥涵、地下构造物与管线等平面布置）；
d) 工程立面布置图（包括既有公路桥涵、地下构造物与管线等立面布置）；
e) 其他。

评价项目名称（二号宋体加粗）

安全技术评价报告（一号黑体加粗）

安全技术评价单位名称(盖章)（二号宋体加粗）

××××年××月（二号宋体加粗）

图 C.1 安全技术评价报告封面样式

评价项目名称（二号宋体加粗）

安全技术评价报告（一号黑体加粗）

资质等级：××(五号宋体)(附资质等级证书复印件)
发证机关：×××××××××(五号宋体)
证书编号：×××××××××(五号宋体)

审查：(五号宋体)
校核：(五号宋体)
编写：(五号宋体)

安全技术评价单位名称(盖章)（二号宋体加粗）

××××年××月（二号宋体加粗）

图 C.2　安全技术评价报告扉页样式

附 录 D
（资料性）
涉路工程验收流程

D.1 验收内容

D.1.1 涉路工程设施与公路位置关系，是否侵入公路建筑限界。

D.1.2 公路及其附属设施是否恢复。

D.1.3 施工作业路段的障碍物是否清理完毕。

D.1.4 公路路域范围内是否存在倾倒施工废料、垃圾，以及遗留施工废弃的建(构)筑物、设施等违法行为。

D.2 验收程序

D.2.1 涉路施工完毕前3个工作日，建设单位应通过湖北政务服务网向省交通运输厅提交涉路施工验收申请书、施工单位自检总结报告、监理单位抽检报告。

D.2.2 路政管理机构按省交通运输厅统筹安排参与完工验收，涉及新增、改建、恢复公路及其附属设施的，应提请省交通运输厅指派专业技术力量参与验收；影响交通安全的，应经交警部门联合验收。

D.2.3 验收时应制作涉路施工作业完工验收报告单，经验收人员签字后，路政大队上传湖北政务服务网，逐级审核上报。

附 录 E
（规范性）
保护套管（涵）验算

E.1 保护套管验算

E.1.1 施工期验算考虑的荷载可分为永久作用和可变作用两类：
  a) 永久作用应包括管道结构自重、竖向土压力、侧向土压力、管道内的水重、地基的不均匀沉降；
  b) 可变作用应包括地面人群荷载、地面堆积荷载、地面车辆荷载(相应公路等级的汽车荷载)、地表水或地下水作用、温度变化作用。

E.1.2 运营期验算考虑的荷载可分为永久作用和可变作用两类：
  a) 永久作用应包括管道结构自重、竖向土压力、侧向土压力、管道内的水重、地基的不均匀沉降；
  b) 可变作用应包括地面人群荷载、地面堆积荷载、地面车辆荷载(公路改扩建时期施工荷载按公路—I级考虑、公路运营期为相应公路等级的汽车荷载)、地表水或地下水作用、温度变化作用。

E.1.3 套管验算应符合 GB 50332 的规定。

E.2 涵洞验算

E.2.1 涵洞验算应采用车辆荷载、结构重力和填土重力产生的等效荷载的作用组合。

E.2.2 涵洞验算应符合 JTG D60 和 JTG/T 3365-02 的规定。

参 考 文 献

[1] 公路安全保护条例(中华人民共和国国务院令第593号)
[2] 关于规范公路桥梁与石油天然气管道交叉工程管理的通知(交公路发〔2015〕36号)
[3] 给水排水工程顶管技术规程(CECS 246)
[4] 水平定向钻法管道穿越工程技术规程(CECS 382)